Motivation und Fürungsstile

ÜBERSICHT ÜBER POTENTIALE UND MÖGLICHKEITEN DES UNTERNEHMERS ZUR MITARBEITERMOTIVATION

VON DANILO BERENDES

STUDIENARBEIT

HOCHSCHULE NEUBRANDENBURG

Inhalt

1. Problemstellung 5

2. Motivation 6

3. Motivation gestern und heute 8

4. Manipulation 10

4.1. körperliches, seelisches und manipulatives KITA 10

4.2. Manipulationsarten 13

4.3. Manipulationsvermeidung 14

5. Motivationsprozess 15

6. Motivationsprobleme 18

6.1. Formen der Arbeits-(Un)-Zufriedenheit 18

6.2. nicht-optimale Motivation 19

6.3. optimale Motivation 21

7. Motivierende Einführung von Veränderungen 23

8. Bedürfnisanalyse von Mitarbeitern 24

9. Theoretische Erklärungsansätze zur
Leistungsmotivation 25

9.1. Maslows- Theorie bzw. Bedürfnis- oder
Motivationspyramide 27

9.2. SOR-Modell (Stimulus – Organism – Response Modell) 30

9.3. XY - Theorie 31

9.4. X - Theorie 31

9.5. Y – Theorie 33

9.6. Anreiz – Beitrags - Theorie 34

9.7. Zwei – Faktoren – Theorie von Herzberg 35

10.   Führung und Führungsstile 37

10.1. Führen..37

10.2. Führung 39

10.3. Führungsansätze 42

10.4. Führungsstile 44

10.5. Mitarbeitergespräche 57

10.6. Konkurrenz und Zielsetzung 59

10.7. Selbstmotivation..60

11.   Ergebnis 61

12.   Literaturverzeichnis..63

1. Problemstellung

„Ohne die Begeisterung, welche die Seele mit einer gesunden Wärme erfüllt, wird nie etwas Großes zustande gebracht." Von Nichts kommt also nichts. Das trifft auch im Unternehmensalltag zu.

Wahrscheinlich gäbe es kein elektrisches Licht, kein Auto, niemand würde wissen, dass die Erde rund ist, wenn es nicht Menschen gegeben hätte, die sich mit Begeisterung für derartige Dinge und Erkenntnisse stark gemacht hätten. Und so wird auch ein Unternehmen

ohne Mitarbeiter, die eine Begeisterung, „welche die Seele mit einer gesunden Wärme erfüllt", empfinden, kaum jemals richtig erfolgreich sein. Sicherlich ist es für viele Unternehmer ein Leichtes, ihre Mitarbeiter mit Druck zur Arbeit zu zwingen, doch hierin der Schlüssel zum wahren Erfolg liegt, ist die Frage. Die wirkliche Kunst eines „Führers" liegt darin, seine Mitarbeiter so zu motivieren, dass sie Freude bei der Arbeit empfinden, dass sie

sich mit Enthusiasmus am Arbeitsleben beteiligen und die Unternehmung mit eigenen Ideen bereichern.

Diese Arbeit soll einige Potentiale und Möglichkeiten, die ein Unternehmer zur Motivation seiner Mitarbeiter hat, aufzeigen. Sie soll aber ebenso über Vorgehensweisen informieren, die einen Mitarbeiter demotivieren oder nur manipulieren statt motivieren.

2. Motivation

Das Wort Motivation kommt aus dem Lateinischen, von movere und bedeutet soviel wie in Bewegung setzen, fortbringen, treiben, anregen. Allgemein betrachtet, versteht man unter Motivation „die aktuelle Bereitschaft zum Handeln oder Verhalten. Es ist der Zustand gemeint, der sich einstellt, wenn ein Motiv- etwa durch äußere Anreize oder durch eigene Hoffnung- realisiert werden kann" (Stroebe, 1999).

Motivation ist also ein Bündel von Motiven bzw. die Bereitschaft etwas zu tun. Sie ist demnach das Ausrichten auf eine Sache, der Grund etwas zu bewegen sowie der Antrieb für die Handlung. Motivation besteht aus primärer und sekundärer Motivation.

primäre Motivation: kurzfristiges Interesse z.B. Stillen des Hungers

sekundäre Motivation: längerfristiges Ziel z.B. mehr Lohn

Man unterscheidet die sogenannte Arbeits- und Lernmotivation. Vorwiegend wird sich diese Arbeit der Arbeitsmotivation widmen. Sie beschäftigt sich mit der inhaltlichen Ausrichtung des arbeitsbezogenen Verhaltens, der Intensität und der Zeitdauer des Verhaltens. Des Weiteren kann die Arbeitsmotivation in innere und äußere Motivation unterteilt werden. Innere Motivation liegt dann vor, wenn die Motive zum Handeln im Inneren der Person liegen. Der Mensch wird dabei von seiner Einstellung, seinem Willen und seinen persönlichen Zielen gesteuert. Als Motive wären hierbei unter anderem Leistungs-, Geld-, Lern-, Profilierungs-, oder Kompetenzmotive zu nennen. Die äußere Motivation kann im Gegensatz dazu über Anreize der Führungskraft gesteuert werden. Anreize können in diesem Zusammenhang Aufstiegsmöglichkeiten, Ermunterungs-, Arbeits-,

Entgelt-, Status-, Sozialleistungsanreize sowie Verwirklichungs- und Entwicklungschancen sein. Diese Anreize sind Führungsmittel. Nach den verschiedenen psychologischen Schulen unterteilt man den Motivationsbegriff wie folgt:

1. *Humanistisch*: Gesamtheit der Motive zur Sinn-, Lebens- und Bedeutungsverwirklichung
2. *Ethologisch*: angeborenes Verhaltensprogramm
3. *Naturalistisch*: automatisch eingeleiteter Aktivierungsprozess in Abhängigkeit von Stimuli, Deprivation und inneren Zuständen
4. *Kognitiv*: erwünschte Zielzustände
5. *Pädagogisch*: Gründe für bestimmtes Verhalten sollen vermittelt werden.

Man unterscheidet die verschiedenen Motivationslehren in:

1. *1. Polythematisch*: hierarchisch organisierte Antriebe
2. *Monothematisch*: Motiv ist rückführbar auf einen einzigen Grundantrieb (Lust, Hunger)
3. *Athematisch*: individuelle Daseinsthematiken und Daseinstechniken.

Beim Definieren des Begriffs Motivation ist häufig das Wort Motiv gefallen. Von einem Motiv wird gesprochen, wenn man einen isolierten – zunächst noch nicht aktualisierten – Beweggrund des Verhaltens bzw. einer Handlung (Ursache), wie z.B. Hunger, Durst, Anerkennung etc. herausgreift. Es kann als sogenannte Triebfeder, als Antriebsmotor der menschlichen Persönlichkeit verstanden werden, die bei entsprechender Stimulation das

Denken und Handeln beeinflusst. Andere Begriffe für Motiv sind Bedürfnis, Wunsch, Trieb oder auch Drang.

Sie richten sich nach der Auffassung der jeweils verfolgten psychologischen Richtung. Die eigentliche Problematik liegt in der Motivationsklassifikation, da noch nicht eindeutig feststeht, ob Anreize oder Triebe als Ursache für das Handeln zuständig sind. Sicherlich sind es aber Dispositionen, die von außen stimuliert werden müssen.

Ordnungsgesichtspunkte für Motive sind:

1. Somatische Ablaufprozesse einschließlich definierter Endhandlung (Hunger, Durst,...)
2. Affektive Ablaufprozesse ohne definierte Endhandlung (Aggression, Angst,...)
3. Leistungsmotivation (= motivationale Ablaufprozesse)
4. Bindungsmotivation

Zu guter Letzt bleibt nur noch der Begriff des Motivierens zu erläutern. Hierunter, kann der Versuch verstanden werden, durch geeignete Maßnahmen ein Motiv zu aktivieren, die Stärkung der Einsatzfreude oder auch die Begründung einer Tat.

3.   Motivation gestern und heute

Ob man es nun Motivation oder Antriebskraft nennt, die Suche nach den Dingen, die den Menschen zum Handeln bewegen, ist wohl so alt wie die Menschheit selbst. Die Art und Weise der Motivation und des Umgangs mit diesem Thema hat sich allerdings im Laufe der Zeit verändert. Es wäre jedoch zu umfangreich sich mit der gesamten geschichtlichen Materie dieses Themas zu beschäftigen.

In einem Buch von Toni Hahn war folgende Annahme zur Entstehung von Motivation zu finden. Seiner Ansicht nach entstand Motivation im Zuge des Übergangs vom naturangepassten Verhalten des Tieres zur gesellschaftlichen Arbeitstätigkeit des Menschen. Motivation entstand also in dem Moment, wo der Mensch begann Bedürfnisse zu verspüren, die über die Grundbedürfnisse hinausgingen. Mit den ansteigenden Bedürfnissen des Menschen entwickelten sich auch Industrie, Handel und Dienstleistungen. Im Laufe der Zeit wurden nicht nur ein oder zwei sondern viele Produkte auf dem Markt angeboten. Aufgrund des vielfältigen Angebots begann Produktion und Konsumtion auseinander zu fallen. Es wurde mehr produziert als konsumiert. Es gab aber auch Zeiten, in denen die Bedürfnisse der Konsumenten größer waren als das Angebot der Produzenten.

Hinzukam das Auseinanderklaffen der Ziele von Arbeiter und Unternehmen. Diese Kluft der Interessen galt und gilt es nun zu überwinden. Während die Motivationsforschung des Kapitalismus sehr komplexe Modelle hervorbringt, hat man es sich zur Zeit des Sozialismus etwas einfacher gemacht. Man versuchte oder besser gesagt, man legte fest, dass die individuellen Motive der Menschen klassentypischen sein sollten. Das heißt, das Individuum sollte sich den Zielen der Klasse der Zentralgewalt unterordnen. Als Hauptmotiv galt die Verausgabung und Entfaltung individueller Kräfte in der Arbeit. Dementsprechend wurden auch mit Ehrungen für die gute Arbeit, Auszeichnungen und Belobigungen motiviert. Wer am meisten arbeitete wurde Arbeiter des Monats oder ähnliches. Sicherlich konnten auf diesem Wege einige Bedürfnisse, wie Sicherheit, Status und Anerkennung befriedigt werden, aber eine vollständige Befriedigung des Arbeiters konnte damit nicht erreicht werden.

4. Manipulation
4.1. körperliches, seelisches und manipulatives KITA

Die Motivationsforschung von heute hat viele verschiedene Arten und Modelle der Motivation hervorgebracht. Aufgrund dieser Vielfältigkeit ist es schwer den richtigen Weg zum Bedürfnis des Mitarbeiters sowie zu dessen Befriedigung zu finden. So geschieht es oft, dass man zwar motivieren möchte, aber eigentlich manipuliert oder sogar schikaniert.

In diesem Fall spricht man vom sogenannten KITA, was soviel wie „kick in the ass" (=Arschtritt) bedeutet. Dabei sind die, in der Überschrift aufgeführten, drei Formen des KITA zu unterscheiden. Körperliches KITA liegt beispielsweise dann vor, wenn ein Chef seinen Mitarbeitern längere Pausen gewährt, im Gegenzug dazu aber anordnet, die Büros mit unbequemen Stühlen auszurüsten, da er meint so verhindern zu können, dass seine Mitarbeiter während der Arbeit einschlafen. Derartige Arbeitsbedingungen konnten zwar zum Teil durch Arbeitsschutzmaßnahmen eingedämmt, aber leider nicht vollständig beseitigt werden. Ein Mensch reagiert auf solche Arbeitsbedingungen mit Apathie, Resignation und manchmal sogar mit Aggressivität. Im Unternehmen führt dies oft zur Erhöhung von Fluktuation, Krankenstand, Ausschuss, eventuellen Maschinenschäden bis hin zu Gerichtsverfahren.

Körperliches KITA ist eher eine Art des Mobilisierens und keinesfalls der Motivation, Es ist Verletzend und wirkt sich negativ auf die körperliche und seelische Verfassung eines Menschen aus. Das gleiche trifft auch auf seelisches KITA zu.

Der Unterschied zum körperlichen KITA besteht nur in Art und Weise des Verletzens. Die Persönlichkeit des Mitarbeiters wird hierbei nicht geachtet. Er wird mit Worten gekränkt bzw.

verletzt. Auch hier gibt es unzählige Beispiele. Bittet ein Mitarbeiter beispielsweise um eine längst fällige Gehaltserhöhung und wird mit Worten wie: „Eine Erhöhung ihres Gehaltes ist leider nicht drin. Wenn Ihnen das nicht passt, können sie ja gehen. Allerdings werden Sie bei der Anzahl von Arbeitslosen wohl kaum einen neuen Job finden." Abgewiesen, so liegt hier eindeutig seelisches KITA vor. Diese Art der Maßregelung von Mitarbeitern hat keinesfalls etwas mit Motivation gemein. Oft treten seelisches und körperliches KITA in Verbindung auf.

Ein Beispiel: Das 70 Jahre alte Verlagsgebäude wurde renoviert, weil die Arbeitsräume unzumutbar waren. Nach der Renovierung waren die Redakteure nicht zufrieden und kritisierten die umgebauten Räume. Daraufhin erklärte der Verlagsleiter: „Ich mache sie darauf aufmerksam, dass niemand in diesen Räumen arbeiten muss. Ich bekomme jederzeit neue Redakteure." Selbstverständlich reagieren Arbeiter auf solche Umstände. Man unterscheidet dabei zehn Stufen des Widerstands gegen Veränderungen:

1. Tatsachen nicht sehen (wollen) => Gerüchte entstehen
2. Absicherungsverhalten/ Risikoscheu
3. Klagen/ Beschwerden
4. Hinhalten, z.B. durch Vorschieben von Überlastung
5. Kontaktabbau
6. Passiver Widerstand: „Dienst nach Vorschrift"
7. Spiel „Schwarzer Peter" / Sündenbocksuche
8. Drohungen
9. Streik
10. Sabotage

Ein Mitarbeiter muss also auch auf Veränderungen eingestellt werden. Auf die Art und Weise, wie eine Motivation zum Einführen und Akzeptieren von Veränderungen von statten gehen kann, wird später noch einmal eingegangen. Fazit des Ganzen ist: Kränkungen machen krank. Eine Folge von Enttäuschungen und ständigem Stress kann neben Aggression und Resignation auch die Umwandlung seelischer Vorgänge in körperliche Veränderungen sein. Man nennt die Somatisierung und spricht dann von psychosomatischen Störungen.

Ärger und Probleme können beispielsweise zu Kopf- und Herzschmerzen, Magenbeschwerden und sogar zu Ausschlägen führen. Und, auch das ist zu beachten, wer stets gedrängt wird, lernt nicht, sich frei zu bewegen. Das führt schließlich dazu, dass er die Lust an der Initiative verliert, sich vor Entscheidungen drückt, gleichgültig wird und nur noch reagiert, wenn der Druck weiter zunimmt. Ebenso wenig wie seelisches und körperliches ist auch manipulatives KITA keine Form von Motivation. Wobei diese Art von KITA wohl am ehesten mit Motivation verwechselt wird. Folgendes Beispiel verdeutlicht das. Fließbandarbeitern sagt man, sie würden ein Superding bauen, wenn sie täglich 10000mal den gleichen Handgriff machen. Grund: Sie sollen sich groß fühlen und ihre Arbeit soll ihnen besonders bedeutend vorkommen. Manipulatives KITA liegt aber auch dann vor, wenn neuen Mitarbeitern von erfahrenen Kollegen falsche oder nur unzureichende Informationen über sein Arbeitsgebiet gegeben werden, und dieser aufgrund dessen seiner Tätigkeit nur mangelhaft nachkommen kann. Gleichzeitig unterrichten die "lieben" Kollegen den Chef von der Unfähigkeit des Neuen. Derartiges geschieht meist dann, wenn die Kollegen befürchten, dass der Neue ihnen schaden könnte. Zusammengefasst ist Manipulation „der geglückte Versuch von Personen, bewusst und zum eigen Vorteil das Erleben und Verhalten anderer Personen zu beeinflussen, ohne das diesen die Art und Weise dieses Einflusses bewusst und durchschaubar wird" (Rosenstiehl, 1996).

4.2. Manipulationsarten

Manipulation kann auf verschiedene Arten erfolgen.

1. Programmierung, Verschleiern eigener Interessen
2. Zurückhaltung von Informationen, selektive Darbietung
3. mangel- und lückenhafte Informationen, einseitige Betonung
4. Beschränken von Kontakten
5. Ansprechen von Gefühlen, also irrationales Emotionalisieren (Bilder, Musik)
6. Flüsterpropaganda, unbewiesene Behauptungen
7. erwünschtes Verhalten (z.B. Überanpassung) systematisch belohnen

Entscheidende Merkmale, die im Falle von Manipulation auftreten, sind:

1. Es wird bewusst manipuliert.
2. Es wird des eigenen Vorteils wegen manipuliert. Dabei wird suggeriert, die Bedürfnisse des anderen würden befriedigt.
3. Andere Personen werden beeinflusst, ohne dass sie merken, wie ihnen geschieht. Die Interessen des Manipulierenden werden verschleiert.

Jedoch stellt sich nun die Frage: Wozu führt das Ganze? Kurzfristig gesehen kann Manipulation durchaus erfolgreich sein. Langfristig kann es zur erheblichen Schädigung des Verhältnisses zwischen Mitarbeiter und Führungskraft kommen, denn „Wer einmal lügt, dem glaubt man nicht."

4.3. Manipulationsvermeidung

Es stellt sich die Frage: Wie kann eine Führungskraft Manipulation vermeiden? Diese ist schwer zu beantworten. Im Allgemeinen ist zu sagen dass Manipulation meist von denen angewandt wird, die der Meinung sind, dass Führen gleichzusetzen ist mit dem Durchsetzen von Autorität. Wer nicht hören will, muss demzufolge fühlen. Autorität kann aber unterschieden werden. So gibt es die innere und die äußere. Äußere Autorität wird verliehen, innere dagegen liegt dann vor, wenn jemand nicht allein aufgrund äußerer Autoritätsmerkmale von anderen anerkannt wird. Man spricht in diesem Fall auch von persönlicher Autorität. Liegt dieser Umstand vor, so erkennt man dies am Verhalten der jeweiligen Person. Das Verhalten wiederum führt zu Anerkennung, zu Achtung durch die Mitmenschen und zu freiwilliger Leistung. Der Schlüssel zur Vermeidung von KITA liegt also in der Persönlichkeit der Führungskraft und in deren Führungsstil.

Darauf wird nochmals im Punkt „Führung und Führungsstile" eingegangen.

5. Motivationsprozess

Was unter Motivation, Motiv und Motivieren zu verstehen ist, wurde bereits zu Beginn erläutert. Um richtig motivieren zu können, muss aber noch erklärt werden, was man unter dem Begriff Motivationsprozess versteht und wie dieser überhaupt abläuft. Motivationsprozesse sind ein spezifisches Feld des Human – Ressource – Managements und ein integrativer Bestandteil der Managementtheorie sowie der – Praxis. Objektive Veränderungen im Produktionsprozess (Veränderungen der Produktivkräfte) sowie im Warenaustausch waren die Ursache dafür.

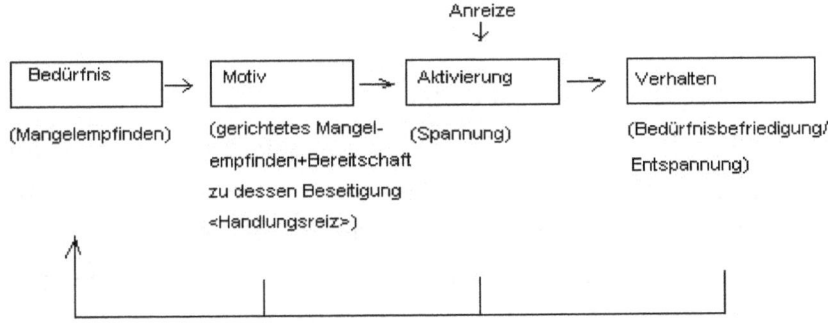

Abbildung 1: fünf Schritte des Motivationsprozesses

Jeder Motivationsprozess läuft also in fünf Schritten ab:

Zu Beginn entsteht ein Bedürfnis.➔ Es baut sich eine Spannung auf.➔ Dabei werden Energien frei. Diese wiederum erzeugen eine bestimmte Aktivität, vorrausgesetzt, es besteht die reale Chance, dass das Bedürfnis befriedigt werden kann.➔ Die Spannung wird während

15

Der Bedürfnisbefriedigung wieder abgebaut. ➜ Schließlich kann wieder ein neues Bedürfnis entstehen.

Demnach gilt: Je stärker das Mangelempfinden, desto stärker wird die Motiventwicklung, die Aktivierung, d.h. die Spannung, und desto nachhaltiger wird das Verhalten (die Bedürfnis-Befriedigung) empfunden und gesteuert.

Ein Beispiel zum besseren Verständnis:

Ein Arbeitnehmer hat das Bedürfnis nach Feierabend. Sein Vorgesetzter gab die Erlaubnis eher aufzuhören, sofern der Mitarbeiter den Auftrag erledigt hat.

- Seine Bedürfnisspannung steigt
- Der Wunsch nach dem Feierabend setzt in ihm Energien frei. Es gibt nun zwei Möglichkeiten. Entweder er arbeitet schneller oder lässt alles stehen und liegen.
- Während er sich im Feierabend erholt. Baut sich sein Bedürfnis ab.
- Am nächsten Tag entsteht das Bedürfnis nach einer gewissen Arbeitszeit erneut.

Motivation ist demzufolge ein Prozess, in dem Menschen ihre individuell geprägten Bedürfnissen und Werten produzierte Energie auf ein Ziel hinlenken.

Einfaches Motivationsmodell nach Maslow

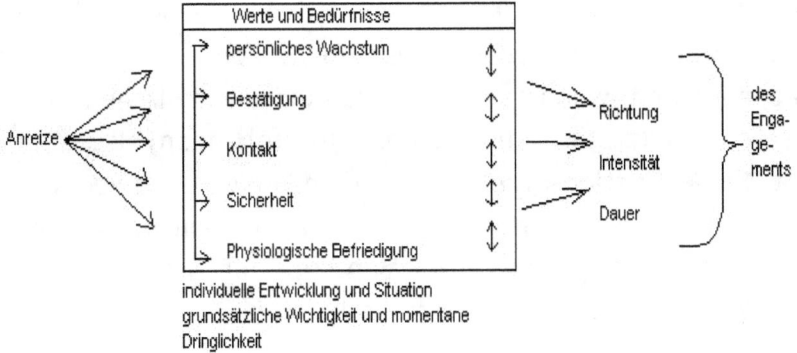

Abbildung 2: Motivationsmodell nach Maslow

6.   Motivationsprobleme

Probleme treten immer und überall auf. Ebenso kann dies im Zuge des Motivationsprozesses geschehen. Von einem Problem spricht man dann, wenn es zu einer Abweichung zwischen einem (geplanten) Sollzustand und einem (bestehenden) Istzustand kommt. Ein Motivationsproblem liegt demzufolge dann vor, wenn Menschen sich nicht freiwillig Engagieren. Der Sollzustand wäre in dem Fall ein engagierter Mensch, der Istzustand ein desinteressierter, demotivierter Mensch.

6.1. Formen der Arbeits-(Un)-Zufriedenheit

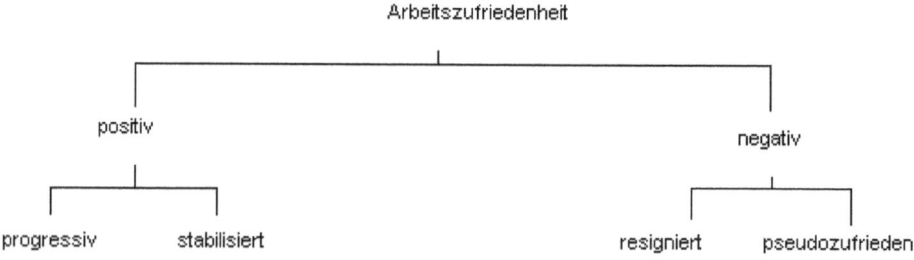

Abbildung 3: Formen der Arbeitszufriedenheit

18

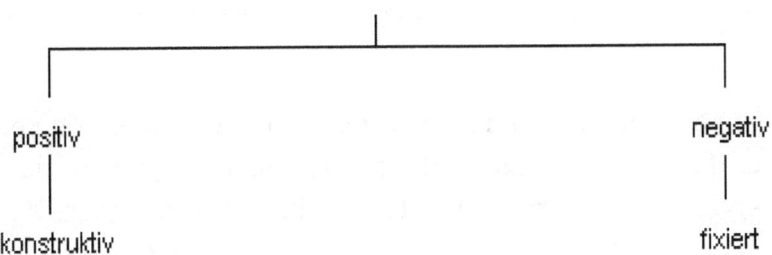

Abbildung 4: Formen der Arbeitsunzufriedenheit

6.2. nicht-optimale Motivation

Nicht-optimale Motivation liegt in den folgenden drei Fällen vor.

resignativer Arbeitszufriedenheit:

In dieser Situation sagt der jeweilige Betroffene: „Ich kann hier doch nichts bewegen." Dieser Sorte gehören Menschen an, die an ihren Beruf und Erfolg nicht allzu hohe Ansprüche stellen. Sie sind mit dem zufrieden, was sie haben.

Ihre Berufslaufbahn verläuft eher ruhig und unproblematisch. Gründe dafür sind unter anderem, dass sie nicht besonders ehrgeizig sind, aber auch dass sie ihre Stärken und Schwächen realistisch wahrnehmen und akzeptieren.

Pseudo-Arbeitszufriedenheit:

„Eigentlich kann ich nicht klagen- ich habe meinen Arbeitsplatz, meine Sozialleistungen und

außerdem das eine oder andere Statussymbol." Die Beschreibung ist typisch für den Pseudozufriedenen. Tatsache ist jedoch, dass diese Menschen oft unter sehr starken Komplexen leiden. Sie zweifeln stets jede ihrer Entscheidungen an, empfinden Neid anderen gegenüber sowie Bitterkeit und Eifersucht. Für Ziele, die sie nicht erreicht,- sei es, weil sie zu hoch gesteckt waren oder weil sie nicht fähig waren- suchen sie sich meistens Sündenböcke. Solche Menschen flüchten sich oft in Alkoholabhängigkeit, Medikamenten-sucht oder psychosomatische Krankheiten.

negativ – fixierte Arbeitsunzufriedenheit:

Hierzu gehören all jene, die stets mit der Meinung auftreten: „Was ist das bloß für ein Laden? Warum ändert das keiner? Man hätte das schon lange veranlassen sollen!"

Es sind all jene, die unter dem Gefühl leiden, dass sowieso alles zu spät ist. Für sie scheint das Leben sinnlos. Meistens haben sie keine oder nur wenig Kontakte zu ihren Mitmenschen und zu ihren eigenen Bedürfnissen. Aufgrund dessen leisten sie oft schlechte Arbeit, so dass ihnen die Entlassung droht.

6.3. optimale Motivation

Von optimaler Motivation spricht man, wenn positiv-progressive oder positiv-stabilisierte Arbeitszufriedenheit vorliegt.

positiv-progressive Arbeitszufriedenheit

Die Mitarbeiter haben hierbei die „Wir werden das schon packen" – Einstellung. Ihr Motto lautet: Nichts ist erfolgreicher als der Erfolg – die Crew im Steigflug.

Positiv-stabilisierte Arbeitszufriedenheit

Hier gilt es eigene Vorschläge zu machen und sich aktiv in den Arbeitsprozess einzubringen. („Ich finde diese Lösung nicht effizient, weil....mein Vorschlag lautet...")

Im Laufe des Motivierens kann es auch irgendwann zuviel des Guten sein. In bestimmten Fällen kann es auch zur Übermotivation kommen. Zu hoch gesteckte Ziele und falscher Ehrgeiz können ebenfalls zu Schwierigkeiten führen. „Der Preis von zuviel Ehrgeiz wird Schmerz sein." Nicht nur Maschinen und Unternehmen sondern auch Menschen reagieren auf Überlastung.

Fazit: Die Leistung steigt zunächst mit der Motivation zur Leistung an. Bei weiter wachsender Motivation sinkt sie wieder. (=> Vergleich: Ertragsgesetz)

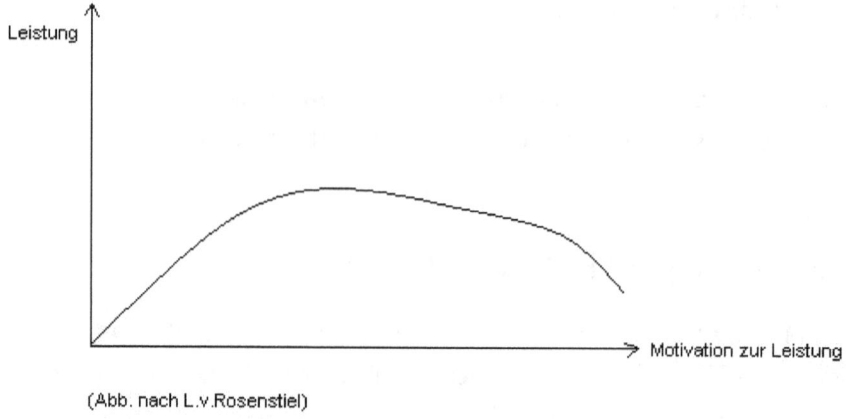

Leistung

Motivation zur Leistung

(Abb. nach L.v.Rosenstiel)

Abbildung 5: Motivations – Leistungskurve nach Rosenstiel

➔ Wenn die Grenze der physischen oder psychischen Belastbarkeit überschritten wird, wirkt die Anspannung kontraproduktiv.

Bemerkung: Gerade innovative Mitarbeiter sind durch ein entspanntes Verhältnis zu sich und ihrer Arbeit charakterisiert. Sie gehören nicht zu den ehrgeizig auf den Erfolg fixierten Wettbewerbstypen. Sie gewinnen ohne zu siegen.

7. Motivierende Einführung von Veränderungen

Bereits zu Beginn wurde die Tatsache aufgeführt, dass sich der Mensch oft gegen Veränderungen sträubt. Deshalb soll kurz darauf eingegangen werden, auf welche Art und Weise es möglich ist, Veränderungen motivierend einzuführen.

„Verbinde die Ankunft von Neuen mit Freude statt mit Angst."

No risk ➜ no chance ➜ no fun ➜ no future!

Häufig sind nicht technische Veränderungen das Problem, sondern die Menschen, die mit technischen Neuerungen Probleme haben.

Die Faustformel für das Einführen von Veränderungen lautet deshalb:

$$\text{Erfolg einer Veränderung} = \text{Güte der Entscheidung} * \text{Motivation zur Realisierung}$$

Oft wird der Widerstand gegen Veränderungen geringer, wenn:

- bewusst gemacht wird, dass Veränderungen notwendig sind: „Nichts ist beständiger als der Wandel"
- Veränderungen auf bereits bestehenden erfolgreichen Veränderungen aufgebaut warden offen kommuniziert wird
- alle Betroffenen an der Vorbereitung und Durchführung **ihrer** Veränderung beteiligt werden

23

- gemeinsame Vorteile verdeutlicht werden
- sowohl Führungskräfte als auch Spezialisten die Veränderung unterstützen
- niemand eine Veränderung absolut ansieht.

Auch hierbei gilt: Als Führungskraft muss man immer erst von den Veränderungen selbst überzeugt und motiviert sein.

8.   Bedürfnisanalyse von Mitarbeitern

Als erstes gilt es hierbei Motivationsprobleme in ihrem Ansatz zu erkennen. Wichtig ist dabei auch, dass sich die jeweilige Führungskraft selbst mit in die Analyse einbringt, denn sie könnte unter Umständen selbst die Ursache für mangelnde Motivation oder Übermotivation sein. Die Diagnose von Motivationsproblemen kann nach folgendem Schema ablaufen:

- Schritt: Analysieren der eigenen Wert- und Bedürfnisstruktur (werden sie sich über sich Selbst klar).
- Schritt: Analysieren der Wert- und Bedürfnisstruktur des Mitarbeiters.
- Schritt: Analysieren Sie die Beziehung zwischen beiden Wert- und Bedürfnisstrukturen. Suchen sie nach eventuellen Gemeinsamkeiten oder Konflikten.
- Schritt: Führungskraft und Mitarbeiter formulieren ihre Werte und Bedürfnisse sowie die daraus resultierenden gemeinsamen Ziele.

Bemerkung: Ein Wert ist eine Auffassung, die ein Individuum oder eine Gruppe vom Wünschenswerten hat, welche die Wahl möglicher Verhaltensziele und Verhaltensweisen beeinflusst. Werte sind Ideale, welche die motivationale Basis für Aktivität und Engagement bilden. Für ein effizientes und zufriedenstellendes Zusammenarbeiten ist das Orientieren an gemeinsamen Werten notwendig. Werte werden durch Erziehung sowie durch Kontakte in und außerhalb der Arbeitswelt gebildet.

9. Theoretische Erklärungsansätze zur Leistungsmotivation

Die Motivationsforschung untersucht die Gründe für das menschliche Erleben und Verhalten. Sie beschäftigt sich mit den Ausprägungen der Motivation.

Zu den wesentlichen Motivationstheorien gehören:

→ SOR – Theorie
→ Zwei – Faktoren – Theorie
→ Anreiz – Beitrags – Theorie
→ XY – Theorie
→ Bedürfnispyramide

Die Motivationsforschung hat u.a. festgestellt, dass die Motivation der Mitarbeiter zu Arbeitsleistungen abhängt von:

- der Erfüllung eigener Ziel- und Wertvorstellungen des Mitarbeiters als Motive, Bedürfnisse, Erwartungen, Wille und
- der Eröffnung tatsächlicher Chancen bzw. Anreize für den Mitarbeiter, eigene Ziele und Bedürfnisse erfüllen zu können (Motivierung)

Bedürfnisse sind personifizierte Reize, die einen Menschen in Handlungsbereitschaft versetzen und auf Ziele ausrichten. Mit dem Erreichen eines selbstgesetzten Ziels ist ein Erfolgserlebnis verbunden. Ein derartiges Erfolgserlebnis führt meist auch ohne externe Belohnungen zu einem höheren Anspruchsniveau.

Aber: Wiederholtes Nicht- Erreichen von Zielen senkt das Anspruchsniveau!

Mottos wie: „Man muss das Unmögliche fordern um das Mögliche zu erreichen", wirken in

geschäftlichen Normalsituationen eher demoralisierend. Einige Modelle und Theorien, die sich genauer mit den verschiedenen menschlichen Bedürfnissen befassen, sollen jetzt betrachtet werden. Man unterscheidet dabei Inhalts- und Prozesstheorien. Die Inhaltstheorien beschäftigen sich mit dem „WAS" d.h. mit den Motiven oder Motivbündeln, die für das Individuum bzw. für Personenmehrheiten handlungsbestimmend wirken. Prozesstheorien sollen erklären, wie der Motivationsprozess intrapersonell, formell und losgelöst von der Art der einzelnen Bedürfnisse entsteht und wie letztlich Motive verhaltensbestimmend wirken.

Inhaltstheorien	Prozesstheorien
- Bedürfnispyramide von Maslow	- SOR - Theorie
- ERG – Theorie	- Erwartungs-Valenz-Theorie
- Zwei-Faktoren-Theorie von Herzberg	- Gleichheitstheorien
- Theorie der erlernten Bedürfnisse	- Weg – Ziel - Theorie
- Leistung und Macht von McClelland und Atkinson	- Zielsetzungstheorie

9.1. Maslows- Theorie bzw. Bedürfnis- oder Motivationspyramide

<u>Hierarchisches Motivationsmodell von Maslow</u>

Grundlegend für die Überlegungen von Maslow war die Annahme, dass zwei Hauptarten von Bedürfnissen das menschliche Dasein beeinflussen.

Hauptarten:

➔ Defizit-(Mangel-)Bedürfnisse

➔ Wachstumsbedürfnisse

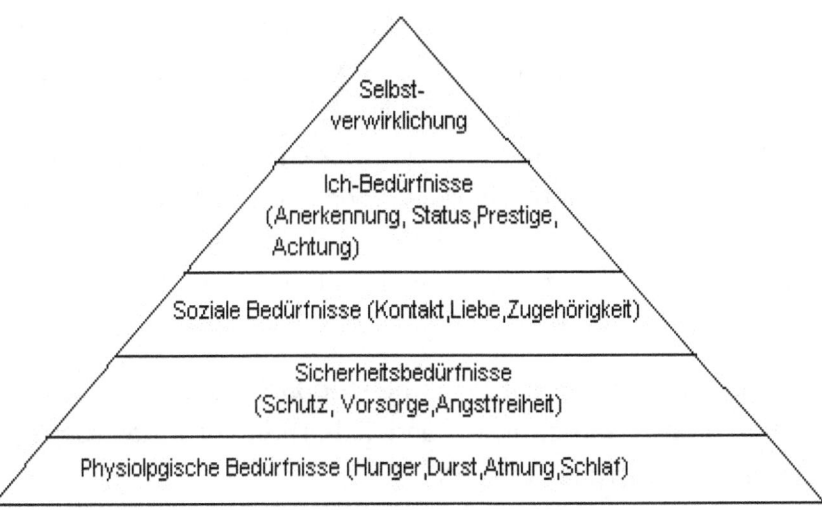

Abbildung 6: Bedürfnispyramide nach Maslow

Laut Maslow gibt es 5 verschiedene Motivklassen. Die ersten beiden werden als materielle oder auch Existenzbedürfnisse zusammengefasst. Die anderen drei ordnet man dem Begriff: psychologische Bedürfnisse zu. Man kann diese auch noch in Beziehungs- und Wachstumsbedürfnisse unterteilen. Das zentrale Bedürfnis im Sinne der humanistischen Psychologie ist das Bedürfnis nach Selbstverwirklichung.

Def. Lt. Maslow: Das menschliche Verlangen nach Selbsterfüllung bezieht sich auf die Tendenz, das zu aktualisieren, was man an Möglichkeiten besitzt. Es ist also das Verlangen alles zu werden, zu dem man fähig ist.

Betrachten wir die einzelnen Bedürfnisse einmal genauer:

Zu den physiologischen Bedürfnissen zählen Hunger, Durst, frische Luft aber auch Sexualität, Gesundheit und ausreichend Schlaf. Auch im Arbeitsalltag sollte gewährleistet werden, dass genügend Zeit für die Befriedigung dieser Bedürfnisse vorhanden ist. Ein Beispiel dafür: In Zeiten von Kriegen und Elend war man froh, wenn man überhaupt ein Dach über dem Kopf hatte. Heute stehen Fragen im Mittelpunkt wie: Wollen wir ein eigenes Haus oder lieber eine Eigentumswohnung, eine Sauna oder lieber einen Whirlpool?

Die nächste Stufe bilden die Sicherheitsbedürfnisse. Frieden, ein angstfreies Leben, Gerechtigkeit und Sicherheit vor Katastrophen können ihnen zugeordnet werden.

Besondere Priorität haben heute die Sicherheit des Arbeitsplatzes und eine gute Altersversorgung. Auf der dritten Stufe stehen die sozialen Bedürfnisse, z.B. Liebe, Kontakt, Freude, etc. Besonders der Wunsch nach einem positiven

Lebensgefühl hat in den letzten Jahren stark zugenommen. Eine Führungskraft sollte deshalb dafür sorgen, dass Mitarbeiter auch während der Arbeit und nicht erst danach Freude am Leben haben. Ein gutes Betriebsklima hat meist entscheidende Einflüsse auf die psychische Verfassung der Mitarbeiter sowie deren Leistungsbereitschaft. Empfehlenswert ist es, gut eingespielte Teams als Ganzes auf neue Projekte anzusetzen und Mitarbeitern- wenn möglich die Wahl ihrer Kollegen freizustellen. Auch die sogenannten Ich-Motive, wie Selbstbestätigung, Anerkennung und Prestige sollten keinesfalls außer Acht gelassen werden. Hierzu gehört auch, wie bereits erwähnt wurde, dass Mitarbeitern nur Aufgaben gestellt werden, die ihren Fähigkeiten (reale Erfüllungschance) entsprechen. Nicht-Bewältigung führt nämlich oft zu Frustration und Resignation. Und ist das Selbstvertrauen erst einmal ruiniert, sind es die Fähigkeiten auch bald. Selbstbestätigung und Bestätigung durch andere sind eng miteinander verbunden. Belobigungen für gute Mitarbeiter sind oft Balsam für die Seele eines Mitarbeiters.

Eine ebenso große Bedeutung haben Aufstiegschancen.Die Aussicht auf Selbstverwirklichung ist oft das sogenannte Tüpfelchen auf dem I. Aber Vorsicht: nicht jeder hat die gleichen Bedürfnisse!!!

Der Mensch strebt erst nach höheren Bedürfnissen, wenn die niederen erfüllt sind, d.h. zuerst sind physiologische Bedürfnisse, dann Sicherheitsbedürfnisse, soziale Bedürfnisse, Ich-Bedürfnisse und zu guter letzt Selbstverwirklichungsbedürfnisse zu erfüllen.

9.2. SOR-Modell (Stimulus - Organism - Response Modell)

Das SOR-Modell hat eine große Bedeutung bei der Erklärung des menschlichen Verhaltens. Es handelt sich dabei um ein Black-Box-Modell, das den Organismus des Menschen als schwarzen Kasten zeigt, der einer direkten Einsicht nicht zugänglich ist. Der Mensch erhält zunächst eine Stimulation (S) als Impulse seiner Umwelt und zeigt daraufhin eine Reaktion (R), die von den Vorgängen der Informationsverarbeitung seines Organismus (O) abhängig ist.

Die wichtigsten Anwendungsgebiete sind:

1. Personalführung

Bsp.: Ein Firmenmitarbeiter bekommt eine Lohnerhöhung (S) in Aussicht gestellt. SeinOrganismus verarbeitet diese Information (O), und reagiert mit Mehrleistung (R).

2. Marketing

Bsp. : Marketingpolitische Instrumente werden als Stimuli (S) eingesetzt. Diese werden vom potentiellen Käufer verarbeitet (O) was schließlich zu einer Reaktion führt, die Ein Kauf oder ein Nichtkauf sein kann (R).

9.3. XY - Theorie

Die XY – Theorie von McGregor basiert auf unterschiedlichen Menschenbildern. Die X – Theorie sieht den Menschen im negativen Sinne, die Y – Theorie setzt positives Verhalten voraus.

9.4. X - Theorie

Die Theorie X ist die herkömmliche (traditionelle) Einstellung zum Mitarbeiter, die sich mit der Industrialisierung entwickelte und die noch jetzt das Verhalten vieler Vorgesetzter bestimmt.

- Der Durchschnittsmensch hat eine angeborene Ablehnung gegen Arbeit, und versucht ihr aus dem Weg zu gehen, wo er nur kann.
- Weil der Mensch der Mensch durch Arbeitsunlust gekennzeichnet ist, muss er zumeist gezwungen, gelenkt, geführt und mit Strafe bedroht werden um ihn mit Nachdruck dazu zu bewegen, das vom Unternehmen gesetzte Soll zu erreichen.
- Der Durchschnittsmensch zieht es vor, an die Hand genommen zu werden, möchte sich vor Verantwortung drücken, besitzt verhältnismäßig wenig Ehrgeiz und ist vor allem auf Sicherheit aus.

Nach dieser Auffassung gibt es für McGregor nur zwei Möglichkeiten, das Verhalten der Mitarbeiter zu beeinflussen. Die harte Form durch Drohungen, Zwang und strenge Kontrolle, die weiche Form, in dem man den Wünschen der Mitarbeiter nachkommt und die Voraussetzungen für ein harmonisches Zusammenarbeiten schafft. Damit werden Mitarbeiter umgänglich und lassen sich führen.

Beide Methoden sind jedoch fragwürdig. Die harte Methode erzeugt Schwierigkeiten, weil Druck Gegendruck hervorruft und damit zu Leistungszurückhaltung und feindseliger Einstellung führt. Die weiche Methode führt laut McGregor zu einer Abdankung der Unternehmensleitung. Die Mitarbeiter nutzen diese weichen Methoden der Betriebsführung aus. Sie verlangen ständig mehr und leisten immer weniger.

Das Motto welches sich aus dem Führungsstil, der sich aus X – Theorie ergibt, lautet: Streng aber gerecht. „Zuckerbrot und Peitsche" sind die Mittel, die zum Ziel führen sollen. In Bezug auf die Bedürfnispyramide von Maslow kommt McGregor zu der Überzeugung, dass sich diese Theorie nur so lange bewährt, wie es im Belieben der Unternehmensleitung steht, Mittel zur Befriedigung der Existenzbedürfnisse zu gewähren oder vorzuenthalten. Sie funktioniert nicht mehr, wenn die physiologischen Bedürfnisse befriedigt sind und höherstehende Motive antriebsbestimmend werden. Versprechungen, Drohungen und Zwangsmaßnahmen haben dann keine Wirkung mehr.

Damit kommt McGregor zu der Schlussfolgerung, dass Menschen, denen die Arbeit nicht mehr als die Existenzbedürfnisse bietet genauso reagieren, wie die X – Theorie besagt

9.5. Y - Theorie

Die Y – Theorie umfasst das verschmelzen der individuellen Ziele mit den Belangen des Unternehmens.

- Die Verausgabung durch körperliche und geistige Anstrengung beim Arbeiten kann als ebenso natürlich gelten wie Spiel oder Ruhe.
- Zugunsten von Zielen, denen sich der Mensch verpflichtet fühlt, wird er sich der Selbstdisziplin und Selbstkontrolle unterwerfen.
- Wie sehr er sich den Ziele verpflichtet fühlt ist eine Funktion der Belohnung, die mit ihrem Erreichen verbunden ist.
- Der Durchschnittsmensch lernt, unter geeigneten Bedingungen, Verantwortung nicht nur zu übernehmen, sondern sogar zu suchen.
- Die Anlage zu einem verhältnismäßig hohen Grad an Vorstellungskraft, Urteilsvermögen und Erfindungsgabe für die Lösung organisatorischer Probleme ist in der Bevölkerung weit verbreitet und nicht nur hier und da anzutreffen.
- Unter den Bedingungen des modernen industriellen Lebens ist das Vermögen an Verstandskräften, über das der Durchschnittsmensch verfügt, nur z.T. genutzt.

Die Y – Theorie besagt demnach, dass Arbeitsunlust nicht von Natur aus angeboren ist, sondern dass es sich hierbei um die Folge schlechter Arbeitsbedingungen handelt.

Es wird also nicht ein statisches Menschenbild dargestellt, sondern der dynamische Charakter der Entwicklung von Einstellung und Werthaltung betont.

⇨ **Kooperativer Führungsstil**

McGregor ist davon überzeugt, dass in der Führung von der Y – Theorie ausgegangen werden sollte und empfiehlt die X – Theorie aufzugeben. Vorgesetzte die, ihre Mitarbeiter nach der X – Theorie beurteilen, machen es sich häufig zu leicht. Andererseits werden nicht alle Mitarbeiter von einem kooperativen Führungsstil angesprochen.

9.6. Anreiz – Beitrags - Theorie

Anreiz – Beitrags – Theorie ist ein Ansatz der Motivationsforschung, der von einer gleichgewichtigen Beziehung von Anreizen des Unternehmens an die Mitarbeiter sowie der Mitarbeiter an das Unternehmen ausgeht. Grundlegende Aussagen der Theorie March und Simon sind:

1. Ein Unternehmen, wie jede soziale Organisation, besteht aus Mitgliedern bzw. Teilnehmern in voneinander abhängigen Handlungen zur Erreichung gemeinsamer Ziele
2. Jeder Teilnehmer erhält von der Organisation bestimmte Anreize. Dafür leistet er/sie Beiträge an die Organisation.
3. Das Verhalten der Person richtet sich nach dem Anreiz-Beitrags-Verhältnis. Ein Mitglied wird solange in der Organisation verbleiben, wie die angebotenen Anreize so groß oder Größer sind als der von ihm geforderte Beitrag. Maßgebend für die Bewertung sind subjektive Wertvorstellungen als auch aktuelle Handlungsalternativen.
4. Die Beiträge bilden die Quelle für neue Anreize an die Mitarbeiter. eine Organisation ist nur solange

existenzfähig, wie die Beiträge in genügendem Maße ausreichen, den Mitgliedern neue Anreize zu gewährleisten.

9.7. Zwei - Faktoren - Theorie von Herzberg

Stabilitäts/-Hygienefaktoren (Unzufriedenheitsvermeider)

und

Anspornfaktoren/Motivatoren (Zufriedenheitserreger)

⇨ nach Frederick Herzberg (amerikanischer Motivationsspezialist)

Beschäftigen wir uns nun damit, welche Maßnahmen Herzberg für geeignet hielt, um zur Leistung zu motivieren. Herzberg untersuchte zwei Fragen:

1. In welcher Situation haben Sie außergewöhnlich gut über Ihre Arbeit gedacht? Beschreiben Sie diese Situation.
2. In welcher Situation haben Sie außergewöhnlich schlecht über Ihre Arbeit gedacht? Beschreiben Sie diese Situation.

Bevor näher auf die Ergebnisse Herzbergs eingegangen werden soll, sind zwei weitere Fragen erforderlich.

1. Was ist das Gegenteil von Unzufriedenheit? Antwort: Nichtunzufriedenheit
2. Was ist das Gegenteil von Zufriedenheit? Antwort: Nichtzufriedenheit

Wer nicht unzufrieden ist, muss noch lange nicht zufrieden sein.

Wer nicht zufrieden ist, muss noch lange nicht unzufrieden sein.

Zwischen Zufriedenheit und Unzufriedenheit liegt eine „neutrale" Zone. Herzberg fand bei seinen Studien heraus:

- Es gibt Arbeitsbedingungen, die Unzufriedenheit vermeiden helfen, Sie schaffen aber keine oder nur für kurze Zeit Zufriedenheit. Mitarbeiter, die unter solchen Bedingungen arbeiten, machen nur das, was man von ihnen verlangt- nicht mehr. Derartige Arbeitsbedingungen werden als „Unzufriedenheitsvermeider" oder „Stabilitätsfaktoren" bezeichnet.
- Es gibt auch Faktoren, die Zufriedenheit schaffen. Derartige Faktoren tragen aber keinesfalls oder wenn ja, nur im geringen Maß dazu bei Unzufriedenheit zu vermeiden. Man nennt diese Faktoren „Zufriedenheitserreger" oder „Anspornfaktoren"

⇨ Aber: Nicht nur die Situation, sondern auch die Persönlichkeit des Einzelnen spielt eine Rolle. Es gibt sogenannte „growth seekers", die von Anspornfaktoren angesprochen werden und „maintenance seekers", die Stabilitätsfaktoren als wichtiger erachten. (=> nach Meyers, Schüler von Herzberg)

wichtige Anspornfaktoren:	wichtige Stabilitätsfaktoren:
- eine entsprechende Tätigkeit	- Status im
(die Arbeit selbst)	Unternehmen
- eine gute Leistung, die man erbringt	- gute Zusammenarbeit
	mit Vorgesetzten
- Verantwortung für eigene Arbeit	- gutes Verhältnis zu
	Kollegen
- gezielte Anerkennung	- leistungsgerechte Bezahlung
-Fortschritt, persönlicher Lernerfolg	-Sicherheit des Arbeitsplatzes

10. Führung und Führungsstile

Die einzelnen Führungsstile sollen nun näher betrachtet werden, denn auch führen will gelernt sein. Nur ein guter Chef hat gute Mitarbeiter.

10.1. Führen

Allgemein betrachtet umfasst der Begriff „Führen" alle personenbezogenen Funktionen und damit den Gesamtbereich der Menschenführung als den Prozess einer zielorientierten Verhaltenssteuerung für multipersonelle Problemlösungen.

„Führen heißt, einen Mitarbeiter bzw. eine Gruppe unter Berücksichtigung der jeweiligen Situation im Rahmen der Leitidee der Organisation auf gemeinsame Werte und Ziele der

Organisation hin zu beeinflussen."(Rainer W. Stroebe „Motivation" 8. Auflage)

Oder nach Hans-Jürgen Kölle: Führen heißt Lenken und Steuern, Motivieren und Anleiten, Vorausgehen und den Weg zeigen, Arbeitslust erzeugen, andere erfolgreich machen, Vorbild sein, helfen und Mut machen sowie Eigenverantwortlichkeit zu fördern.

<u>Demnach ist Führen:</u>

- gewolltes menschliches Tun
- Koordination der Kräfte beim Lösen einer gemeinsamen Aufgabe
- das Durchsetzen des eigenen Willens
- das Erkennen von Problemen und das in die Tat umsetzen von Entscheidungen.

Beim Führen gibt es vier wichtige Elemente.

- Motivation   => Wichtig dabei ist die Persönlichkeit, die Ausstrahlungskraft und das psychologische Geschick des Führenden.
- Ausbildung   => Wichtig ist die Materie zu beherrschen und methodisch, didaktisches Geschick zu haben sowie Lehrmethoden und Arbeitstechniken zu kennen.
- Information => Wichtig ist effizient Informationen sammeln zu können und präsent zu haben.
- Erziehung => Wichtig ist Vorbild zu sein, sich in Menschenführung auszukennen Und pädagogisch geschickt zu sein.

10.2. Führung

Die Führung ist die situationsbezogene Beeinflussung des Unternehmens bzw. des Personals, die unter dem Einsatz von Führungsinstrumenten auf einen gemeinsam zu erzielenden Erfolg hin ausgerichtet ist. Nach der Führungsebene kann sie eine strategische,taktische oder operative Führung sein.

<u>Zu den Problemkreisen der Führung zählen:</u>

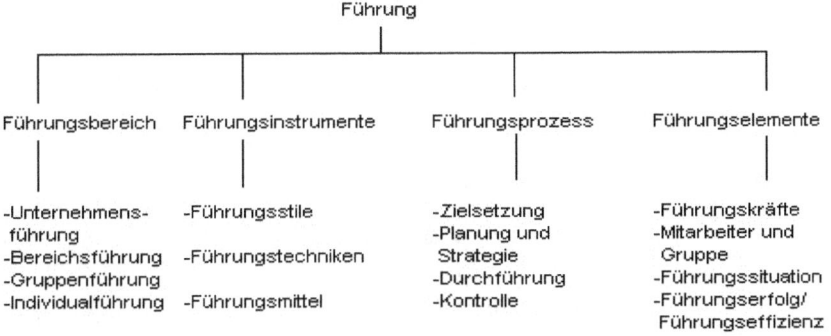

Die Begriffe Führung und Management werden oft gleichgesetzt. Mit der Führung beschäftigt sich die Führungsforschung, die verschiedene Führungsansätze hat.

<u>Führungsprozess</u>

Der Führungsprozess zeigt den zeitlichen Ablauf der zweckgerichteten Beeinflussung des Verhaltens der Mitarbeiter durch Führungskräfte. Er besteht grundsätzlich aus mehreren Phasen (vier bis sieben Phasen). In dieser Arbeit wird von sieben Phasen ausgegangen.

Ziel setzen: - Ziel erkennen, aufgreifen oder übernehmen

- Teilziele setzen

- Ziel formulieren

Informieren: - Informationen beschaffen oder entgegennehmen

- Informationen sammeln, ordnen und verarbeiten

Planen: - Prognosen machen

- Ideen finden

- Alternativen suchen

- Entscheidung vorbereiten

- Probleme analysieren

- Möglichkeiten durchdenken

- Termine planen

- Wesentliches herausgeben

Entscheiden: - Entscheidung reifen lassen und Entschlüsse fassen

- Absichten formulieren

- Alternativen offen lassen

Anordnen: - Informieren

- Motivieren

- Überzeugen

- Mitreißen

Kontrollieren: - Beurteilen

- Kritisieren

- Loben

- Korrigieren

- Auswerten

Humanisieren: - auf den Menschen Bezug nehmen

- Interesse und Anteilnahme zeigen

10.3.   Führungsansätze

Der Führungsansatz ist ein anschaulich aufbereitetes Aussagensystem, in dem die Ergebnisse der Führungsforschung zusammengefasst werden. Er wird als Führungstheoriebezeichnet und bildet die Grundlage für Führungslehre. Es existieren vier Arten von Führungsansätzen/Führungstheorien.

1. Eigenschaftsansatz

Man geht davon aus, dass die Eigenschaften der Führungskraft für den Führungserfolg entscheidend sind. Der Führende zeichnet sich gegenüber dem Geführten beispielsweise durch Sachkenntnis, Fähigkeiten, Selbstsicherheit, Gewandtheit, Intelligenz und Konstitution aus. Dieser Ansatz ist der wohl älteste Erklärungsansatz der Führung.

2. Verhaltensansatz

Im Mittelpunkt der Betrachtung steht die Frage, wie sich Führungskräfte erfolgreich verhalten, wenn sie Mitarbeiter zu führen haben. Führungsstile, wie zum Beispiel der klassische, tradierende, richtungsbezogene, gruppenorientierte oder dimensionale werden hierbei näher betrachtet.

3. Situationsansatz

Wie der Name bereits sagt, behauptet dieser Ansatz, dass sich Art der Führung nach der Führungssituation ausrichtet. Das ist z.B. beim Kontingenzansatz gegeben, der die Positionsmacht der Führungskraft, die Beziehung zwischen Führendem und

Mitarbeiter und die konkrete Aufgabenstruktur in direkte Verbindung bringt. Der jeweilige Führungsstil ergibt sich demzufolge aus der Situation heraus.

4. Interaktionsansatz

Es wird vor allem im deutschsprachigen Raum diskutiert. Die Persönlichkeitsstruktur des Führenden, der Gruppenmitglieder, der Gruppe und die Führungssituation werden in interaktiver Beziehung gesehen. Der Interaktionsansatz betont die Wechselwirkung dieser Faktoren.

10.4. Führungsstile

Aus den (theoretischen) Ansätzen bilden sich nun die individuellen Führungsstile heraus. Im Laufe der Zeit haben sich, ebenso wie bei den Motivationsmodellen, zahlreiche Führungsstile herausgebildet. Diese unterscheiden sich hauptsächlich in der Ausprägung des Rechtes der Mitarbeiter auf Mitbestimmung und Eigenverantwortung.

Der Führungsstil ist sozusagen das Instrument, das die Grundhaltung zeigt, mit der der Vorgesetzte die ihm Unterstellten beeinflusst. Mit ihm wird ein ideal typisches Verhaltensmuster des Vorgesetzten beschrieben.

Der Einsatz eines bestimmten Führungsstils ist durch die Persönlichkeit, die Macht und die Erfahrungen sowohl des Vorgesetzten als auch des Mitarbeiters sowie durch die jeweilige Führungssituation bedingt. In der Führungspraxis gibt es eine Vielzahl von Modifikationen und Mischungen der Führungsstile.

Zu unterscheiden sind:

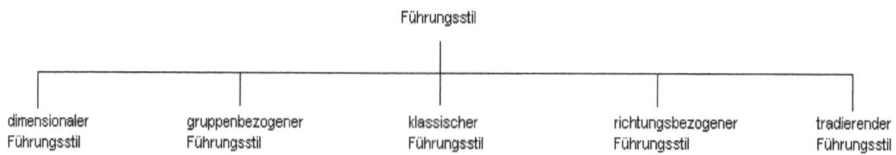

Führungsstil

| dimensionaler Führungsstil | gruppenbezogener Führungsstil | klassischer Führungsstil | richtungsbezogener Führungsstil | tradierender Führungsstil |

dimensionaler Führungsstil

Er bezieht sich auf verschiedene Verhaltensdimensionen. Es gibt den eindimensionalen, zweidimensionalen und drei dimensionalen Führungsstil.

Eindimensionaler Führungsstil

Es wird nach dem Grad des Entscheidungsspielraums für den Vorgesetzten und der Gruppe unterschieden.

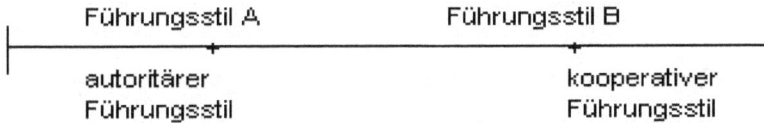

Führungsstil A — autoritärer Führungsstil

Führungsstil B — kooperativer Führungsstil

zweidimensionaler Führungsstil

enthält in der Vertikalen das personenorientierte und in der Horizontalen das aufgabenorientierte Führungsverhalten

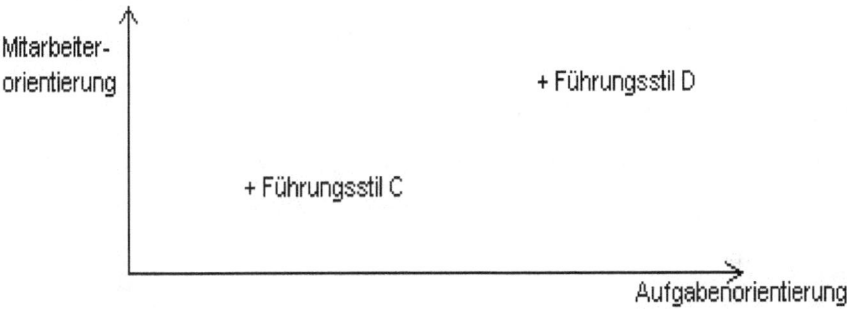

dreidimensionaler Führungsstil

- Bei manchen Konzeptionen wird die Effizienz des Führungsstils als dritte Dimension einbezogen.
- Der aufgabenorientierte Führungsstil kann von Autokraten weniger bzw. von Machern sehr effizient praktiziert werden.
- Der beziehungsorientierte Führungsstil ist z.B. bei Gefälligkeitsaposteln ineffektiv oder z.B. bei Förderern sehr wirksam.
- In anderen Modellen wird die Reife des Mitarbeiters als dritte Dimension einbezogen.
- Bei unreifen Mitarbeitern ist ein stark aufgabenbezogener Stil zu wählen.
- Reife Mitarbeiter sollten wenig aufgabenbezogen (wenig Druck) und wenig personenbezogen geführt werden, d.h. Motivation ist nicht nötig.

gruppenbezogener Führungsstil

Der gruppenbezogene Führungsstil beschreibt die Art und Weise, wie ein Vorgesetzter die ihm unterstellte Gruppe bzw. Gruppenmitglieder führt. Die Gruppenführung erfolgt unter Beachtung der jeweiligen Gruppensituation und ist auf einen gemeinsam zu erzielenden Gruppenerfolg hin ausgerichtet. Gruppenbezogene Führungsstile können integrierend, anspornend, fördernd bremsend, ermutigend oder wertschätzend sein.

integrierend

- bei Neulingen, Außenseitern
- z.B. durch geschicktes Heranführen an die Gruppe und durch Anbieten von Hilfe

anspornend

- bei Drückebergern, Faulen
- z.B. durch gezieltes Aktivieren ihrer Leistungsreserven und klar definierte Ziele

fördernd

- bei Leistungsstarken, Gruppenstars
- z.B. durch Übertragung von Kompetenzen, Verantwortung

bremsend

- bei Rädelsführern, Frechen, Querulanten
- z.B. durch Strenge und Autorität bzw. Hinsteuern auf die Leistungsziele

ermutigend

- bei Schüchternen, Problembeladenen
- z.B. durch Ermunterungen, Verständnis, Anteilnahme und positive Haltung

Wertschätzend

- bei Frohnaturen, ausgeglichenen bzw. geselligen Gruppenmitgliedern
- z.B. durch Anerkennung ihrer Gruppenbeiträge

klassischer Führungsstil

Zum klassischen Führungsstil zählen der autoritäre, kooperative und der Laissez – faire – Führungsstil.

autoritärer Führungsstil

- betriebliche Aktivitäten werden vom Vorgesetzten gestaltet, ohne dass die Untergebenen beteiligt werden
- Vorgesetzter trifft seine Entscheidungen ohne Einbeziehung des
- Mitarbeiters und erwartet totalen Gehorsam
- bei Fehlern Strafe statt Hilfe
- relativ hohe Entscheidungsgeschwindigkeit
- mangelnde Motivation der Mitarbeiter
- Gefahr von Fehlentscheidungen von überforderten Vorgesetzten

kooperativer Führungsstil

- betriebliche Aktivitäten werden auf das Zusammenwirken des Vorgesetzten und der Mitarbeiter abgestimmt
- Vorgesetzter bezieht seine Mitarbeiter in den Entscheidungsprozess ein und erwartet sachliche Unterstützung
- Fehler werden in der Regel nicht bestraft, sonder Hilfe angeboten
- Verantwortung wird durch Delegation übertragen
- hohe Mitarbeitermotivation
- Entlastung des Vorgesetzten
- Entscheidungsgeschwindigkeit kann sinken

laissez – faire Führungsstil

- Mitarbeiter werden als isolierte Individuen betrachtet
- es wird versucht ihre Motivation durch Freiheitsgrade zu bewirken
- Informationsfluss mehr oder weniger zufällig
- Vorgesetzter überlässt Mitarbeiter sich selbst, welche die Arbeitsorganisation bestimmen

- Fehler werden nicht bestraft, Hilfe gibt es aber auch nicht
- es herrscht im wesentlichen Gleichgültigkeit beim Führenden vor
- es besteht bei unreifen bzw. überforderten Mitarbeitern die Gefahr mangelnder Disziplin Unordnung und Durcheinander

richtungsbezogener Führungsstil

Er beschreibt die Wege, die Führungskräfte einschlagen, um die Mitarbeiter zum Erfolg zu führen. Dabei unterscheidet man den sach- oder aufgabenorientierten Führungsstil und den Personen- oder beziehungsorientierten Führungsstil.

sach- bzw. aufgabenorientierten Führungsstil

- Führender übt Leistungsdruck aus, damit der Mitarbeiter höhere Stückzahl erbringt
- bemüht sich um Termineinhaltung, damit die Aufträge fristgerecht erfüllt werden
- herrscht mit eiserner Hand, damit keine Stockungen im Arbeitsablauf auftreten
- legt Wert auf hohe Arbeitsmenge, damit Leistungsziel erreicht wird
- tadelt mangelhafte Arbeit, damit beim der Realisierung keine Fehler auftreten

personen- bzw. beziehungsorientierter Führungsstil

- Führender behandelt seine Mitarbeiter als Partner, damit die Arbeit gemeinsam bewältigt werden kann
- sucht ein gutes Verhältnis zu den Mitarbeitern, damit sich diese nicht als Untergebene fühlen
- ist seine Mitarbeitern gegenüber zugänglich, damit sie erkennen, dass sie Partner sind
- setzt sich für seine Mitarbeiter ein, damit sie erkennen, dass sie Partner sind
- gibt den Mitarbeitern Anerkennung, damit die Leistungen beibehalten bzw. verbessert werden

In der Praxis ist diejenige Führungskraft erfolgreich, die auf die Mitarbeiter zwar den erforderlichen Leistungsdruck ausübt, die aber trotzdem von diesen geschätzt wird.

tradierender Führungsstil

Er ist ein Führungsstil, der sich auf in der Vergangenheit vorzufindende Unternehmens- bzw. Organisationsgegebenheiten bezieht und in der heutigen Führungspraxis eher geringerer Bedeutung ist. Es lassen sich der patriarchalische, charismatische, autokratische und bürokratische Führungsstil unterscheiden.

patriarchalischer Führungsstil

- Leitbild liegt in der absoluten Autorität und Güte des „Vaters" in der Familie
- führt in dem Bewusstsein, Belegschaftskinder unter sich zu wissen, die in keiner

- Weise an der Führung beteiligt werden
- Geführte haben jederzeit unmittelbaren Zugang zum Patriarchen
- Verpflichtung der Untergebenen beschränkt sich auf Gehorsam
- absoluter Herrschaftsanspruch wird mit seinem Alters-, Reife,- Generations, Wissens,- und Erfahrungsvorsprung den Untergebenen gegenüber begründet
- Standpunkt: „Herr im Haus" nicht mehr zeitgemäß

⇨ Die Organisationsform ist einfach, überschaubar und von wenig Koordinationsproblemen belastet. Die Effizienz wird eingeschränkt durch den Verzicht auf die Mobilisierung des geistigen Potenzials der Geführten.

charismatischer Führungsstil

- Charisma = „Gnadengabe", d.h. die als göttliche Fügung empfundene Fähigkeit, durch Einmaligkeit und Ausstrahlungskraft andere Menschen zu führen
- Führer kennt weder Vorgänger, noch Stellvertreter, noch Nachfolger
- von geführten kann jedes Opfer verlangt werden, ohne dass der Führende ihnen gegenüber in irgendeiner Weise verpflichtet wäre
- Untertan ist zu unbedingten Gehorsam verpflichtet
- Untergebene sind in gewisser Weise vom Führenden abhängig

⇨ Gemeinsamkeiten mit dem patriarchalischen Führungsstil: absoluter Herrschaftsanspruch sowie alleinige Herrschaftsposition

⇨ Durch die Bindung des Führungsstils an die Einmaligkeit der Führungspersönlichkeit ist das Charisma jedoch als organisationsfeindlich anzusehen.

autokratischer Führungsstil

- Institution tritt in den Fordergrund
- vom Alleinherrscher geprägt, hat praktisch unbegrenzte Machtfülle
- auch als autoritärer Führungsstil bezeichnet
- Führender bedient sich eines streng gegliederten Führungsapparates, führt nicht mehr unmittelbar
- Untertan ist zu unbedingten Gehorsam verpflichtet
- Es fehlen Wärme des Patriarchats und Begeisterung des Charisma.

⇨ Durch den Führungsapparat war es früher möglich sehr große soziale Gebilde aufzubauen und zu konsolidieren. Mit dieser Ordnung entstand ein neurer Typ des Geführten, der Untertan. Ohne diese organisatorische und disziplinierte Erziehungsleistung hätten weder moderne Staaten noch moderne Großbetriebe entstehen können. Je mehr zur Lösung einzelner Probleme Führungskräfte mit Spezialkenntnissen erforderlich wurden, desto weniger konnte sich der autokratische Führungsstil halten.

bürokratischer Führungsstil

- Grundlage bildet der Führungsapparat der Autokratie
- Reglement bzw. bürokratische Instanzen und Dienststellen werden betont
- typisch: präzise Beschreibung der Stellenbefugnisse und Verwaltungsabläuf
- beherrschende Persönlichkeit gibt es nicht mehr
- hierarchischer Apparat tritt an ihre Stelle, d.h. alle Ränge werden integriert - einschließlich den Obersten
- System aus Kontrolle und Gegenkontrolle bietet Sicherheit vor Willkür und sichert Anspruch von Fachwissen
- Mitarbeiter erhalten vielfach lebenslange Versorgungsansprüche
- Mangel an Flexibilität und Effizienz

⇨ Der Begriff Bürokratie hat heute überwiegend eine negative Bedeutung. Die Vorzüge und der Perfektionismus der Bürokratie wurden im Laufe der Entwicklung zu ihren Mängeln.

Der Hauptunterschied der Führungsstile liegt in der Ausprägung des Mitbestimmungsrechtes der Mitarbeiter.

Das wird in der folgenden Abbildung anhand der beiden Führungsstile noch einmal verdeutlicht. (Quelle: Praktische Unternehmensführung 3. Nachlieferung, Moortz Marketing)

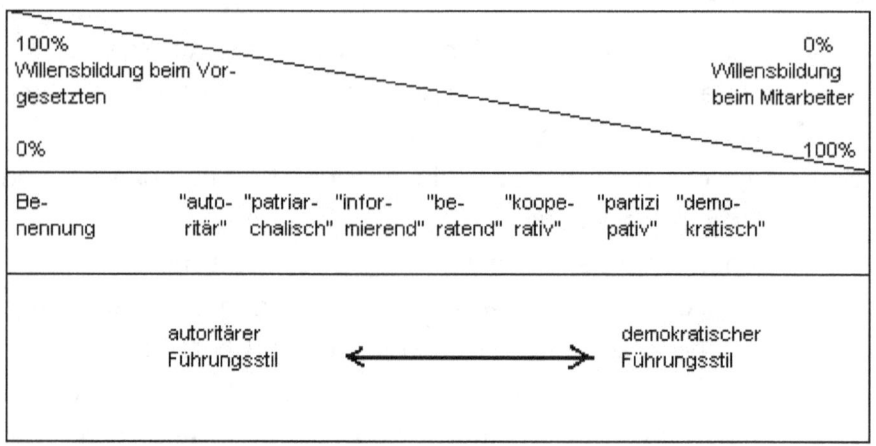

Erläuterung der Abbildung:

Die obere Abbildung zeigt den Grad der Willensbildung in den unterschiedlichsten Führungsstilen.

Die Entscheidungsgewalt liegt im des autoritären Stils ausschließlich beim Vorgesetzten (auto = selbst).

Beim Patriarchalischen liegt die Willensbildung ebenfalls beim Vorgesetzten. Seine Anordnung setzt er oft mit Manipulation durch.

Auch der informierende Vorgesetzte entscheidet selbst. Allerdings versucht er seine Mitarbeiter von der Notwendigkeit der Arbeiten zu überzeugen.

Der beratende hingegen informiert und fragt nach der Meinung der Betroffenen.

Unter einem kooperativen Führer kann die Gruppe die Vorschläge entwickeln und der Vorgesetzte wählt den für ihn idealsten aus.

Der Partizipative geht bereits soweit, dass er die Gruppe bzw. Mitarbeiter in einem vereinbarten Rahmen autonom entscheiden lässt.

Im demokratischen Stil fungiert der Vorgesetzte nur noch als Koordinator.

In der Praxis treten meist drei Ausprägungen des Führungsstils auf, die nochmals näher betrachtet und hinsichtlich der Leitungsbereitschaft der Mitarbeiter verglichen erden sollen.

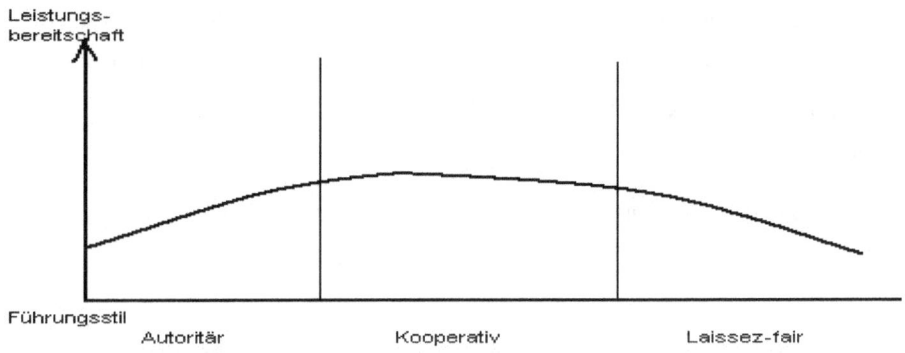

Die drei Arten sollen hinsichtlich folgender Kriterien betrachtet werden: Zielvorgabe, Teamarbeit, Delegation und Anerkennung.

Während der „Autoritäre" – wie bereits erwähnt- die Aufgaben und Ziele ausschließlich selbst vorgibt, erarbeitet der „Kooperative" diese mit seinen Mitarbeitern. Der „Laissez-fair" überlässt dies sogar vollständig seinen Mitarbeitern.

Selbiges spiegelt sich auch in der Teamarbeit und Delegation wieder:

-    kaum Meetings, Gespräche und keine Delegation von Verantwortung und Kompetenz beim Autoritären und

- Problemlösung im Team und Freiräume innerhalb der vorgegebenen Grenzen beim Kooperativen.

Die Mitarbeiter des laissez-faire Führers hingegen werden von Meetings regelrecht erschlagen und wissen aufgrund fehlender Delegation nicht wo es lang geht.

Auch was die Anerkennung betrifft, treten erhebliche Unterschiede auf. Die Mitarbeiter

Des autoritären Führers werden mehr kritisiert als belobigt. Während der Kooperative gute

Leistungen durchaus anerkennt und ein positives Feedback gibt. Anerkennung nur der Akzeptanz wegen und nicht aufgrund von Leistungen sendet hingegen der Anhänger des laissez-fair Stils aus.

⇨ Eine Führungskraft sollte seine Mitarbeiter nicht überfordern, aber auch nicht unterfordern.

10.5.   Mitarbeitergespräche

Um Mitarbeiter optimal zu fördern und um von ihnen maximale Leistungen zu bekommen, ist es also erforderlich, den Mitarbeiter und seine Bedürfnisse zu ergründen.

Deshalb sollten sogenannte Mitarbeitergespräche geführt werden, die Auskunft über die Erwartungen der Mitarbeiter geben. Wie eine solche Analyse der Erwartungen erfolgt, wurde bereits unter dem Punkt „Bedürfnisanalyse von Mitarbeitern" beschrieben.

Welche Bedürfnisse könnte jemand beim Eintritt in eine Organisation haben?

- Perspektive?
- Entwicklung?
- Förderung?
- persönliche Eigenverantwortung?
- Die Möglichkeit eigene Fähigkeiten unter Bewies zu stellen?
- Herausforderung?
- Recht auf Kreativität?
- Status und Prestige?
- Anerkennung?
- gute Bezahlung?

Antwort auf diese Fragen erhält man bei einem Mitarbeitergespräch.

⇨ Fehlende Einsicht im Hinblick auf die wirklichen Bedürfnisse der Menschen ist das größte Motivationsproblem überhaupt.

Kulissenmotive

Als Vorgesetzter sollte man genauestens seinen Mitarbeitern zuhören und versuchen, deren Wünsche zu verstehen und auch zu hinterfragen. Gelegentlich äußern sie nur sekundäre Motive aus Angst ihr primäres Motiv zu nennen. Hierbei spricht man von sogenannten Kulissenmotiven.

Ein Beispiel: Ein Mitarbeiter bittet um eine Gehaltserhöhung. Er möchte also mehr Geld, um bestimmte Bedürfnisse zu befriedigen. Geld ist für ihn somit Mittel zum Zweck.

Sicherlich kann das Geld tatsächlich im Vordergrund stehen. Es kann aber ebenso sein, dass er sich mehr Anerkennung wünscht. Gehaltsforderungen verbergen oft aufgestaute Enttäuschungen und Aggressionen. Beispielsweise wegen mangelnder Anerkennung für erbrachte Leistungen.

Manager müssen sich stets bewusst machen, dass Mitarbeiter nur selten (wenn überhaupt) die Dinge aus demselben Blickwinkel betrachten wie sie.

Die einzige Methode das wahre Motiv eines Menschen herauszufinden, besteht darin, ihn objektiv zu betrachten und ihm wirklich zuzuhören.

10.6. Konkurrenz und Zielsetzung

Das Unternehmen und dessen Mitarbeiter können ohne Konkurrenz ihre Potenziale nicht voll entwickeln.

Wenn Konkurrenz fehlt,

- gibt es keinen vorgegebenen Standart, an dem man sich messen könnte; besteht kein Grund sich anzustrengen;
- fällt die Angst weg, man könnte versagen oder von jemand anderen aus dem Geschäft gedrängt werden.

Mitarbeiter brauchen den Wettbewerb. Zielsetzung ist ebenso wichtig wie Wettbewerb. Doch auch hier gilt es, die richtigen Zielstellungen zu finden. Deshalb muss auch hier jeder Mitarbeiter mit einbezogen werden. Hilfreich kann dabei eine Unternehmensphilosophie sein.

10.7. Selbstmotivation

Es wurde bereits mehrere Male betont, dass ein motivierter Führer seine Mitarbeiter motivieren kann. Die frage ist nur, wer den Motivator motiviert. Das Stichwort dazu lautet Selbstmotivation. Dazu können dieselben Methoden verwandt werden die man beim Motivieren anderer benutzt.

Auch bei Selbstmotivation ist es erforderlich seine Bedürfnisse zu hinterfragen. Wenn sie sich dieser sicher sind, können sie sich daraus ihre Motive entwickeln.

Wissen + Ziel + Strategie   = erwünschtes Ergebnis

| Der gute Motivator weiß, wie er Fachkräfte und externe Ressourcen einsetzt. | Er wählt regelmäßig klare und kraftvolle Ziele und arbeitet unermüdlich an deren Verwirklichung. | Er löst Probleme erfolgreich und plant sowohl kurzfristige als auch längerfristige Vorhaben. | Der Hauptzweck, für den Sie das tun, was Sie tun: konkrete Resultate ! |

11. Ergebnis

Zum Abschluss sollen noch ein paar Beispiele genannt werden, welche die Problematik der Motivation und des Führens noch einmal abrunden und veranschaulichen sollen.

Ein Mitarbeiter bei IBM Stuttgart erhielt umgerechnet ca. 125000 Euro Prämie zugesprochen. Er hatte vorgeschlagen, die Konstruktion der Filter in verschiedenen Plattenspeichern zu verändern. Dadurch konnten weltweit ca. 500000 Euro eingespart werden.

Die Firma Olivetti stellte auf Gruppenmontage um. Die ehemals stupide Arbeit – unzählige Male am Tag die gleichen Handgriffe – brachte mit sich: Frustration, Nervosität, Ablehnung der Arbeit und hohe Abwesenheitszahlen. Die heutigen Arbeitsplätze bieten durch größere Individualität, durch mehr Verantwortung und sozialen Kontakt innerhalb einer Gruppe der Entfremdung der Arbeit Einhalt. Das Motto lautet: „Jeder kontrolliert was er produziert, und jeder repariert was er kontrolliert." Die hierzu notwendige Qualifikation bedeutet für den Mitarbeiter zugleich mehr Lohn und für das Unternehmen weniger Ausschuss und höhere Produktivität.

Auch über meine letzte Arbeitsstelle, eine mittelgroße Bäckerei, möchte ich berichten. Durch die Arbeit im Dreischichtsystem , in der die Mitarbeiter oft getauscht wurden, kam es nur sehr selten zu einem eingespielten Team. Doch wenn dies doch einmal der Fall war (die Produktivität dieses Teams war dann meist viel höher als die der zufällig zusammengewürfelten), wurde dieses Team durch Versetzung eines oder mehrerer Mitglieder aufgelöst. Der Grund war die Angst des Seniorchefs, dass die Teammitglieder durch ihre gute Zusammenarbeit, noch Zeit fänden über andere Belange zu reden als über die gerade zu verrichtende Arbeit. Zum Beispiel über die schlechten Arbeitsbedingungen und den schlechten Zustand der Maschinen. Doch er schätzte die Mitarbeiter völlig falsch ein, denn wenn ein gut funktionierendes Team zusammengekommen war, hatten diese Spaß an der Arbeit. Der natürlich durch die immer wieder wechselnden Mitglieder eines Teams in immer größer werdenden Frust umschwang.

Der Seniorchef beauftragte sogar bestimmte, leicht zu manipulierende, Mitarbeiter, die anderen auszuspionieren, um die wahre Meinung über ihn im Betreib zu erfahren. Diese „Spione" fielen aber auf und der Frust wurde noch größer. Als Folge dessen kündigten viele Mitarbeiter und wurden durch neue, leichter zu beeinflussende, ersetzt. Das soll als schlechtes Beispiel der „Führung" stehen und die möglichen Auswirkungen dieser aufzeigen.

12. Literaturverzeichnis

Rainer W. Strobe: Motivation, 8. Auflage, Sauer-Verlag Heidelberg, 1999

Kurt Hanks: Die Kunst der Motivation

Rüdiger Podlech: Zusammenarbeit im Betrieb

Moortz Marketing - Maxime der Unternehmensberatung und des Trainings: Unterlagen von einem Kölle Seminar – Erfolgreich Mitarbeiter führen durch mehr Persönlichkeit

Abraham H. Maslow: Motivation und Persönlichkeit, Rowolt Verlag, Hamburg 1996

Freund; Knoblauch; Racke: Praxisorientierte Personalwirtschaftslehre, 5. Aufl., Stuttgart 1996

Gebert; v. Rosenstil: Organisationspsychologie, 4. Auflage Kohlhammer Verlag, Stuttgart 1996

Olfert; Rahn: Lexikon der Betriebswirtschaftslehre, Kiehl Verlag, Ludwigshafen 1996

Staehle: Management, Valen, München 1989, 2004